Fisch

PUBLISHERS

ACADEMIA BARILLA
WELTBOTSCHAFTER DER ITALIENISCHEN KOCHKUNST

Academia Barilla ist eine weltweite Initiative, die sich für den Schutz, die Weiterentwicklung und die Förderung der authentischen Kochtradition der italienischen Regionen einsetzt.

Bei uns steht das Konzept des Essens als Kultur im Mittelpunkt und deshalb vermittelt die Academia Barilla das komplette Spektrum italienischer Kulinarik. Unser umfassender Ansatz beinhaltet:

- ein hochmodernes Kochzentrum in Parma, Italien;
- Gourmet- Exkursionen und Kochkurse für Profis und Hobby-Köche;
- die weltgrößte Bibliothek und historische Menüsammlung zur Gastronomie Italiens;
- ein ausgesuchtes Angebot erstklassiger handwerklich erzeugter Lebensmittel;
- globale kulinarische Zertifizierungsprogramme;
- maßgeschneiderte Dienstleistungen und Schulungen für Unternehmen;
- Veranstaltungen zur Teambildung;
- sowie eine breite Palette an Kochbüchern zur italienischen Küche.

Vielen Dank für Ihr Interesse. Wir freuen uns darauf, Sie schon bald in Italien begrüßen zu dürfen!

INHALTSVERZEICHNIS

HERAUSGEBER
ACADEMIA BARILLA

FOTOS
ALBERTO ROSSI

REZEPTE
CHEFKOCH MARIO GRAZIA
CHEFKOCH LUCA ZANGA

TEXTE
MARIAGRAZIA VILLA

REDAKTIONELLE KOORDINATION ACADEMIA BARILLA
CHATO MORANDI
ILARIA ROSSI
REBECCA PICKRELL

GRAFIKDESIGN
PAOLA PIACCO

UM CHOPIN ZU SPIELEN, MUSS MAN EIN GUTER
VIRTUOSE SEIN, UM FISCH ZUZUBEREITEN,
MUSS MAN DIE BESCHAFFENHEIT SEINES
FLEISCHES KENNEN.

GUALTIERO MARCHESI

FISCH

Das fischreiche Meer, das den italienischen Stiefel umgibt, sowie die im Hinterland verstreut liegenden Flüsse und Seen sorgten dafür, dass Fisch in der italienischen Gastronomie traditionell eine bedeutende Rolle spielt. Im Lauf der Jahrhunderte lernten die am Meer oder in der Nähe von Süßwassergewässern lebenden Menschen, Fisch zuzubereiten und diesen durch Pökeln oder Trocknen haltbar zu machen. Heute gibt es eine unvergleichliche Zahl an Rezepten für die Fischzubereitung, und die Vielfalt der Fischgerichte ist tatsächlich äußerst umfangreich. Für jeden Süß- oder Salzwasserfisch gibt es Rezepte, die dessen Eigenheiten optimal zur Geltung bringen. Man unterscheidet Fische mit weißem, rosa oder rotem Fleisch, die auf vielerlei Arten zubereitet werden können, oft sind schon ein paar Kräuter ausreichend, um das Aroma und den Geschmack in vollem Umfang zu entfalten. Von erlesenen Krustentieren mit besonders delikatem Fleisch bis zu äußerst schlichten und sehr schmackhaften Schalentieren wie Mies-, Venus- und Jakobsmuscheln:

Fisch ist sicher einer der Stars der italienischen Küche. Er kann gedämpft und mit etwas Zitronensaft und einem Schuss nativem Olivenöl extra verfeinert, als einfacher Meeresfrüchtesalat oder auf extravagante Art und Weise, z. B. als köstliche Fischsuppe, zubereitet werden. Fisch wird als Appetizer oder Vorspeise gereicht und rückt bei den Hauptgerichten sowohl im Restaurant als auch zu Hause zunehmend an die Stelle von Fleisch. Er bildet eine der Säulen der sog. Mittelmeerdiät, die aufgrund ihrer Ausgewogenheit und ihrer nachweislichen Vorteile für die Gesundheit zunehmend von Ernährungswissenschaftlern empfohlen wird. 2010 wurde die mediterrane Ernährungsweise sogar von der UNESCO in die repräsentative Liste des immateriellen Kulturerbes der Menschheit aufgenommen.

Die Academia Barilla, ein internationales Zentrum zur Förderung und Erhaltung der italienischen Kochkunst, wählte 40 außergewöhnliche Rezepte für Hauptgerichte mit Fisch aus der Gastronomietradition des Bel Paese (dt. schönes Land, wie die Italiener ihre Heimat nennen) aus. Dabei handelt es sich um äußerst leichte Gerichte, die sich jedoch durch einen wirklich besonderen Geschmack auszeichnen. Der exzellente Seebarsch all'Acqua Pazza, die leckeren Miesmuscheln alla Marinara, die köstlichen Tintenfische mit Erbsen, der delikate Oktopus mit Kartoffeln, die einladenden Meeresfrüchtespieße mit Salmoriglio-Sauce oder die duftende Dorade im Steinpilzmantel bieten Ihnen nur einen Vorgeschmack.

Einige Rezepte wurden sorgfältig aus dem umfangreichen Repertoire der regionalen Küche ausgewählt wie der berühmte Klippfisch nach Vicentiner Art, eine wahre Köstlichkeit für

Feinschmecker, die adriatische Fischbrühe, eine Variante der Fischsuppe, die man am Tyrrhenischen Meer genießt, oder der verführerische Glatthai nach Livorneser Art in seiner schmackhaften Tomatensauce.

Andere Rezepte sind in ganz Italien verbreitet und werden mit exzellenten lokalen Produkten zubereitet: mit Kapern aus Pantelleria, Aceto Balsamico di Modena, sizilianischen Bronte-Pistazien und Waldpilzen. Die italienische Küche vermag es wie keine andere, wahre Geschmackshighlights zu schaffen: Schwertfischsalat mit wildem Fenchel, Goldmakrelenscheiben mit Mandel-Pistazien-Kruste, serviert mit Artischockensalat, kurz gebratenes Thunfischfilet mit Auberginen-Zucchini-Caponata. Lassen Sie sich von den Köstlichkeiten des Mittelmeers verführen, die die italienische Küche stets mit Inspiration und Grazie zubereitet.

FRITTIERTE SARDELLEN

Zubereitungszeit: 30 Minuten   Garzeit: 5 Minuten   Schwierigkeitsgrad: leicht

ZUTATEN FÜR 4 PERSONEN

400 g frische Sardellen
50 g Mehl Type 405
3 große Eier
300 g Semmelbrösel
natives Olivenöl extra (zum Frittieren)
Salz nach Bedarf

Die Sardellen säubern (Köpfe, Innereien und Gräten entfernen). Der Länge nach in Schmetterlingsfilets teilen, waschen und abtrocknen. Die Sardellen zuerst im Mehl, dann im verquirlten Ei und schließlich im Semmelbrösel wenden.
Das Öl in einer großen Pfanne bei mittlerer Hitze erhitzen, bis es zu sieden beginnt. Die Sardellen goldbraun frittieren, mit einem Schaumlöffel aus der Pfanne nehmen. Auf einem Küchentuch abtropfen lassen und mit Salz bestreuen.
In Papier- oder Folientüten oder -säckchen servieren.

SARDELLEN
IN ZITRUSFRÜCHTEMARINADE MIT FENCHELSALAT

Zubereitungszeit: 30 Minuten und 1 Tag für das Marinieren
Schwierigkeitsgrad: leicht

ZUTATEN FÜR 4 PERSONEN

600 g frische Sardellen
1 Zitrone
1 Orange
50 ml natives Olivenöl extra
1 Zweig frischer Thymian
1/4 Tasse Fenchelkraut (grob gehackt)
Salz und Pfeffer nach Belieben
700 g Fenchel

Die Sardellen säubern (Gräten und Innereien entfernen). Die Zitrone und die Orange mit einem Sparschäler schälen und die Schale zerkleinern. Zitrone und Orange auspressen, den Saft beiseitestellen.

Den Thymian abrebeln. Die Hälfte des Thymians und des gehackten Fenchelkrauts in eine Schüssel geben. Die zerkleinerten Zitrusschalen und einen Schuss natives Olivenöl extra hinzufügen.

Die Sardellen auf die Kräuter-Zitrusschalen-Mischung legen. Mit den restlichen Kräutern, dem Zitronen- und Orangensaft und einer Prise Salz und Pfeffer bedecken. Die Schüssel mit Küchenfolie abdecken, kühl stellen und die Sardellen einen ganzen Tag lang marinieren.

Die Fenchelknollen putzen und in dünne Scheiben schneiden. Gut mit kaltem Wasser abspülen und abtrocknen. Die Sardellen auf einem Teller anrichten und mit dem Fenchel servieren.

KLIPPFISCH
NACH VICENTINER ART

Zubereitungszeit: 20 Minuten   Garzeit: 4 Stunden 30 Minuten
Schwierigkeitsgrad: mittel

ZUTATEN FÜR 4 PERSONEN

500 g Klippfisch (Baccalà)
500 ml natives Olivenöl extra
250 g Zwiebeln, fein gehackt
3 Sardellenfilets, gut gewaschen und abgetrocknet
Salz und Pfeffer nach Belieben
Mehl nach Bedarf
50 g frische Petersilie, gehackt
30 g Parmigiano Reggiano, gerieben
500 ml Milch
250 g Maisgrieß
Butter nach Bedarf

Den Klippfisch am Tag zuvor in eine große Schüssel geben und mit kaltem Wasser bedecken. Mit Küchenfolie abdecken und über Nacht kühl stellen (das Wasser mehrmals wechseln).

2 EL Öl in einer großen Pfanne erhitzen und die Zwiebeln andünsten, bis sie weich sind. Die Sardellen hinzufügen und garen, bis sie duften.

Den Klippfisch in Stücke schneiden, salzen und pfeffern. Den Klippfisch im Mehl wenden und in eine Kasserolle geben. Mit den gedünsteten Zwiebeln, der Petersilie, dem geriebenen Parmigiano Reggiano, der Milch und dem restlichen Öl bedecken. Bei schwacher Hitze etwa 4 Stunden köcheln lassen.

Mit cremiger Polenta servieren. Zur Herstellung der Polenta den Maisgrieß in zirka 5 Tassen kochendes Salzwasser einstreuen und zirka 1 TL Butter hinzufügen (am besten einen Kupfertopf verwenden). Die Polenta unter häufigem Rühren zirka 30 Minuten lang garen.

KLIPPFISCH MIT KARTOFFELN
UND SAFRAN

Zubereitungszeit: 40 Minuten   Garzeit: 10 Minuten   Schwierigkeitsgrad: leicht

ZUTATEN FÜR 4 PERSONEN

680 g Klippfisch (Baccalà)
300 g Kartoffeln, geschält
eine Prise Safran
1 frisches Lorbeerblatt
70 g Butter
5 g Petersilie (gehackt) und etwas Petersilie zum Garnieren
Salz nach Bedarf
Cayennepfeffer nach Belieben, auch eine Prise zum Garnieren
Zitronenspalten zum Garnieren

Den Klippfisch am Tag zuvor in eine große Schüssel geben und mit kaltem Wasser bedecken. Mit Küchenfolie abdecken und über Nacht kühl stellen (das Wasser mehrmals wechseln).

Die Kartoffeln (im Ganzen) mit dem Safran und dem Lorbeerblatt in leicht gesalzenem kochendem Wasser (etwas mehr als 1/4 l) nicht ganz weich garen und im Garwasser warm halten. In der Zwischenzeit den Klippfisch in Scheiben schneiden, salzen und in einer Pfanne mit der Butter anbraten. Mit Cayennepfeffer nach Belieben abschmecken.

Etwa 10 Minuten lang garen, nach der Hälfte der Garzeit wenden. Gegen Ende der Garzeit mit der gehackten Petersilie bestreuen.

Die Kartoffeln abgießen, in ziemlich dicke Scheiben schneiden und auf den Tellern anrichten. Die Klippfischscheiben über den Kartoffeln platzieren. Mit Cayennepfeffer, Petersilie und Zitronenspalten garnieren.

SEEBARSCH „ALL'ACQUA PAZZA"

Zubereitungszeit: 15 Minuten   Garzeit: 20 Minuten   Schwierigkeitsgrad: leicht

ZUTATEN FÜR 4 PERSONEN

150 g Zwiebeln, fein geschnitten
2 Knoblauchzehen
5 frische Basilikumblätter
50 ml natives Olivenöl extra
250 g Kirschtomaten
200 ml Wasser
1,5 kg Seebarschfilets
Salz und Pfeffer nach Belieben

Die Zwiebeln, den Knoblauch und das Basilikum in Olivenöl in einer großen Pfanne mit hohem Rand anbraten. Tomaten und Wasser hinzufügen und 10 Minuten lang köcheln lassen. Den Fisch salzen und pfeffern und anschließend in die Aqua-Pazza-Sauce („verrücktes Wasser") geben und garen, bis er leicht zerteilbar und durch ist.

GEBACKENER SEEBARSCH

Zubereitungszeit: 20 Minuten   Garzeit: 12 bis 15 Minuten   Schwierigkeitsgrad: mittel

ZUTATEN FÜR 4 PERSONEN

200 g Kartoffeln, geschält und in Spalten geschnitten
2 ganze Seebarsche, filetiert (je 500 bis 600 g)
Salz und Pfeffer nach Belieben
20 kleine schwarze Oliven, am besten Taggiasca-Oliven
80 g in Salz eingelegte Kapern, gut gewaschen und abgetropft
4 Zweige frischer Rosmarin
4 frische Salbeiblätter
100 ml natives Olivenöl extra
4 g frische Petersilie, gehackt

Die Kartoffeln in einem großen Topf in kochendem Salzwasser 5 Minuten lang garen, dann abgießen. Vier Blatt Backpapier (in Quadrate geschnitten) auf eine Arbeitsfläche legen. Die Fischfilets auf die Backpapierquadrate verteilen und mit Salz und Pfeffer würzen. Oliven, Kapern und Kartoffelspalten auf den Seebarschfilets verteilen. Auf jedes Filet Rosmarin und Salbei legen. Mit dem Öl beträufeln und das Backpapier über dem Fisch zusammenfalten. Die Ecken falten und fest verschließen, sodass der Inhalt vollständig verpackt ist. Die Backpapierpakete einzeln in Alufolie einwickeln und bei 180 °C 12 bis 15 Minuten im Backofen backen. Die Seebarschfilets mit frisch gehackter Petersilie bestreuen und servieren.

ZACKENBARSCH „ALLA MATALOTTA"

Zubereitungszeit: 25 Minuten   Garzeit: 15 Minuten   Schwierigkeitsgrad: leicht

ZUTATEN FÜR 4 PERSONEN

60 g Mehl
800 g Zackenbarschfilets
50 ml natives Olivenöl extra
1 Knoblauchzehe, fein geschnitten
100 g Zwiebeln, fein geschnitten
100 ml Weißwein
200 g Tomaten, geviertelt
100 ml Fischbrühe
1 frisches Lorbeerblatt

100 g Champignons, fein geschnitten
Salz und Pfeffer nach Belieben
8 g frische Petersilie, gehackt

ZUM GARNIEREN:
100 g Zucchini, in Scheiben geschnitten
80 g Paprikaschoten, gewürfelt
30 g Mandelblättchen

Das Mehl auf ein Backblech geben und die Zackenbarschfilets leicht bemehlen. Das Öl in einer großen Pfanne erhitzen und den Knoblauch und die Hälfte der Zwiebel 1 Minute lang anbraten. Die Filets dazugeben und vorsichtig braten. Den Wein hinzugießen und köcheln lassen, bis er verdampft ist. Tomaten, Fischbrühe, Lorbeerblatt und Pilze hinzufügen und mit Salz und Pfeffer abschmecken. Mit der gehackten Petersilie bestreuen und 5 Minuten bei schwacher Hitze garen. Die restlichen Zwiebeln und die Zucchini mit einer Prise Salz in einer mittelgroßen Pfanne bei starker Hitze anbraten. Die Paprikaschoten hinzufügen und weich garen. Nach Belieben würzen. Zum Schluss die Mandeln untermengen. Die Filets auf einer Servierplatte anrichten und das Gemüse darüber verteilen.

SEEHECHTKROKETTEN

Zubereitungszeit: 40 Minuten   Garzeit: 5 Minuten   Schwierigkeitsgrad: mittel

ZUTATEN FÜR 4 PERSONEN

*220 g Kartoffeln, geschält und in große
Stücke geschnitten
100 ml natives Olivenöl extra
100 g Zwiebeln, fein gehackt
400 g Seehechtfilets
Salz und Pfeffer nach Belieben
140 g Weißbrot in Scheiben*

*30 g frische Petersilie, fein gehackt
50 g frisches Basilikum, fein gehackt
4 g frischer Schnittlauch,
klein geschnitten
100 g Semmelbrösel
3 große Eier, leicht verquirlt
Pflanzenöl zum Frittieren, nach Bedarf
Aceto Balsamico (Balsamessig)
nach Belieben*

Die Kartoffeln in einem Topf mit leicht gesalzenem Wasser weich garen. Abgießen und pürieren. 1 1/2 Esslöffel Olivenöl in einer Pfanne erhitzen und die Zwiebeln bei starker Hitze glasig dünsten. Die Seehechtfilets hinzugeben und während des Garens mit einem Holzlöffel zerteilen. Wenn der Fisch gar ist, diesen in eine große Schüssel geben. Die pürierten Kartoffeln untermischen, salzen, pfeffern und abkühlen lassen.
Die von der Rinde befreiten Brotscheiben in Stücke brechen.
Die Brotstücke mit den Kräutern in einen Mixer geben und so lange mixen, bis eine gleichmäßig grüne Masse entsteht. Aus der Fischmasse 3 cm dicke Würste formen. Diese in 5 cm dicke Stücke schneiden. Die Stücke in Semmelbrösel, dann im verquirlten Ei und schließlich in der Brot-Kräuter-Masse wenden. Öl in einer großen Pfanne erhitzen, bis es siedet. Die Kroketten auf allen Seiten goldbraun backen. Mit einem Schaumlöffel aus der Pfanne nehmen und zum Abtropfen auf Küchenpapier legen. Auf einem Salatbett anrichten und mit einigen Tropfen Aceto Balsamico servieren.

SEEBARSCHFILET

Zubereitungszeit: 20 Minuten   Garzeit: 15 Minuten   Schwierigkeitsgrad: leicht

ZUTATEN FÜR 4 PERSONEN

500 g Seebarsch im Ganzen
Salz und Pfeffer nach Belieben
60 ml natives Olivenöl extra
200 g Kirschtomaten, halbiert
20 g gesalzene Kapern, gut gewaschen
100 g grüne Oliven
frische Petersilie, gehackt, nach Belieben

Den Seebarsch putzen, enthäuten, entgräten, filetieren, salzen und pfeffern. Einen Bräter mit 1 EL Öl auspinseln und die Fischfilets hineingeben. Tomaten und Kapern darüberstreuen, salzen und pfeffern. Mit dem restlichen Öl beträufeln. Deckel auf den Bräter setzen und bei geringer Hitze oder im Ofen bei 180 °C 15 Minuten garen lassen, bei Bedarf etwas Wasser hinzufügen. Gegen Ende der Garzeit die Oliven hinzufügen und die Petersilie darüber streuen.

KURZ GEBRATENES
THUNFISCHFILET

Zubereitungszeit: 30 Minuten   Garzeit: 15 Minuten   Schwierigkeitsgrad: leicht

ZUTATEN FÜR 4 PERSONEN

400 g Auberginen
Salz und Pfeffer nach Belieben
150 ml natives Olivenöl extra
60 g Zwiebeln, fein gewürfelt
60 g Stangensellerie, fein gewürfelt
100 g Zucchini, fein gewürfelt
20 g Rosinen
30 g Kapern
30 g Pinienkerne

100 g Tomaten, in Stücke geschnitten
20 g schwarze Oliven
5 ml Essig
10 g Zucker
15 g Pistazien
1 Bund frisches Basilikum, zerrupft
450 g Thunfischfilets
4 Zweige frischer Thymian
1 Knoblauchzehe

Die Auberginen waschen und würfeln, in ein Sieb legen, leicht salzen und etwa 30 Minuten lang Wasser ziehen und abtropfen lassen. 1/2 Tasse Olivenöl in einer großen Pfanne erhitzen, bis es siedet, und die Auberginenwürfel darin frittieren, bis sie braun sind. Die Auberginenwürfel mit einem Schaumlöffel aus der Pfanne nehmen und zum Abtropfen auf einen mit Küchenpapier ausgelegten Teller legen. Die Zwiebeln in die Pfanne geben und glasig dünsten, anschließend die Zucchini hinzufügen und leicht bräunen lassen. Rosinen, Kapern, Pinienkerne und Oliven zugeben. Die zerkleinerten Tomaten und die frittierten Auberginen hinzufügen, nach Belieben salzen und pfeffern. Einige Minuten garen lassen. Essig und Zucker und zum Schluss die ganzen Pistazien und das Basilikum zugeben. Einige Minuten garen lassen, bis sich die Aromen miteinander verbinden. Den Thunfisch in Scheiben schneiden und mit Salz und Pfeffer abschmecken. Das restliche Olivenöl in eine antihaftbeschichtete Pfanne geben und mit dem Thymian und der ganzen Knoblauchzehe erhitzen. Den Thunfisch kurz braten (1 bis 2 Minuten auf jeder Seite) und mit dem Gemüse als Beilage servieren.

SEETEUFELSALAT

Zubereitungszeit: 30 Minuten   Garzeit: 5 Minuten   Schwierigkeitsgrad: leicht

ZUTATEN FÜR 4 PERSONEN

100 ml natives Olivenöl extra
1 kg Seeteufelfilets, in 0,5 cm dicken Scheiben
Salz und weißer Pfeffer nach Belieben
200 g gemischter Blattsalat, zerrupft
50 g Karotten, fein gehobelt
85 g Fenchel fein gehobelt
4 bis 5 frische Minzeblätter, zerrupft

12 frische Schnittlauchstängel, geschnitten
4 bis 5 frische Basilikumblätter, zerrupft
1 Zweig Majoran, abgerebelt
25 g eingelegte Kapern, abgespült
4 g frische Petersilie, fein gehackt
3 ml gereifter Aceto Balsamico di Modena (Balsamessig)

In einer großen Pfanne ein Viertel des Öls bei mittlerer Hitze erhitzen und den Seeteufel goldbraun durchbraten. Großzügig mit Salz und Pfeffer abschmecken. Den Salat mit der Minze, dem Schnittlauch, dem Basilikum und dem Majoran vermischen und in der Mitte des Tellers anrichten. Den Fisch mit den Kapern und der fein zerkleinerten Petersilie darauflegen. Mit Aceto Balsamico, Olivenöl, Salz und Pfeffer würzen.

INSALATA MIMOSA MIT MAKRELEN

Zubereitungszeit: 50 Minuten   Schwierigkeitsgrad: leicht

ZUTATEN FÜR 4 PERSONEN

4 große Eier
400 g Kartoffeln
400 g frische Makrelen im Ganzen, geschuppt und ausgenommen
Salz und Pfeffer nach Belieben
100 ml natives Olivenöl extra
100 g gemischter Blattsalat
Rotweinessig nach Belieben

Die Eier in eine Pfanne geben und mit Wasser bedecken.
Bei starker Hitze zum Kochen bringen und 8 bis 10 Minuten köcheln lassen.
Die Eier sofort abschrecken, damit sie nicht weitergaren und sich leichter schälen
lassen. Die Eier schälen und das Eigelb herauslösen (das Eiweiß wird für dieses
Rezept nicht benötigt). Die Kartoffeln abbürsten und mit der Schale in reichlich
Salzwasser garen, bis sie so weich sind, dass sich eine Gabel leicht hineinstechen
lässt. Die Kartoffeln abgießen und abkühlen lassen, dann pellen und in etwa
5 mm dicke Scheiben schneiden. Die Makrelen innen salzen und pfeffern und
etwas Öl darübergießen. Einen Backofenrost zirka 15 cm unterhalb der obersten
Schiene einsetzen und bei mittlerer Hitze erhitzen. Die Makrelen von beiden
Seiten grillen, aus dem Ofen nehmen, leicht abkühlen lassen und filetieren.
Den Salat salzen, pfeffern, mit Essig anmachen und anschließend auf den Tellern
anrichten. Die Kartoffelscheiben und die filetierten Makrelen hinzufügen.
Mit Salz und Öl würzen. Das hartgekochte Eigelb durch ein Sieb streichen und
über dem Teller verteilen.

SEEBRASSE
NACH APULISCHER ART

Zubereitungszeit: 30 Minuten   Garzeit: 15 bis 20 Minuten
Schwierigkeitsgrad: mittel

ZUTATEN FÜR 4 PERSONEN

1 ganze Seebrasse (oder Felsenbarsch) (1 kg)
300 g Kartoffeln, geschält und in feine Scheiben geschnitten
50 g Pecorino (Schafmilchkäse), gerieben
1 Knoblauchzehe, fein gehackt
4 g frische Petersilie, gehackt
40 ml natives Olivenöl extra
Salz und Pfeffer nach Belieben

Den Fisch säubern, entschuppen und filetieren.
Salzwasser in einem großen Topf bei starker Hitze zum Kochen bringen,
die Kartoffeln hinzufügen und 5 Minuten garen lassen. Gut abtropfen lassen.
Eine Backform fetten oder mit Backpapier auslegen und den Boden mit einer
Schicht Kartoffeln belegen. Den Pecorino mit dem Knoblauch und der Petersilie
mischen und die Hälfte der Mischung gleichmäßig über die Kartoffeln verteilen.
Eine Schicht Seebrassenfilets darauflegen, salzen und pfeffern. Mit der
anderen Hälfte der Zutatenmischung bedecken und die Kartoffelscheiben
vorsichtig darauflegen. Mit Olivenöl beträufeln und bei 200 °C zirka 15 bis
20 Minuten backen.

DORADE
MIT STEINPILZEN

Zubereitungszeit: 20 Minuten   Garzeit: 8 Minuten   Schwierigkeitsgrad: mittel

ZUTATEN FÜR 4 PERSONEN

4 Doradenfilets (oder Seebrasse), je 130 g
Salz und Pfeffer nach Belieben
300 g Steinpilzkappen, in 1 bis 2 mm dicke Scheiben geschnitten
50 ml natives Olivenöl extra

Den Fisch in eine leicht geölte Backform legen. Salzen, pfeffern und die Pilzscheiben so auf den Fisch legen, dass sie diesen leicht überlappen. Mit Olivenöl beträufeln und bei 180 °C 7 bis 8 Minuten lang backen.

GLATTHAI NACH LIVORNESER ART

Zubereitungszeit: 30 Minuten   Garzeit: 20 Minuten   Schwierigkeitsgrad: leicht

ZUTATEN FÜR 4 PERSONEN

500 g reife Tomaten
60 ml natives Olivenöl extra
1 Knoblauchzehe, fein gehackt
150 g Zwiebeln, fein gewürfelt
800 g Glatthaisteaks (oder Heilbuttsteaks)
100 ml Weißwein
Salz und Pfeffer nach Belieben
5 g frische Petersilie, fein gehackt

Die Tomaten auf der Unterseite kreuzförmig einschneiden und 10 bis 15 Sekunden in kochendem Wasser blanchieren. Dann die Tomaten sofort in Eiswasser tauchen, die Haut abziehen, entkernen und würfeln. Das Öl in einer Pfanne erhitzen und den Knoblauch und die Zwiebeln andünsten, aber nicht braun werden lassen. Die Fischsteaks hinzufügen und zirka 3 bis 4 Minuten garen. Den Weißwein zugeben, verdampfen lassen und die Tomaten hinzufügen. Nach Belieben salzen und pfeffern, den Fisch wenden und zirka 3 Minuten fertig garen. Bei Bedarf etwas Wasser hinzufügen. Die Petersilie erst ganz zum Schluss zugeben, kurz bevor der Fisch vom Herd genommen wird.

SCHWERTFISCH
IN SALMORIGLIO-SAUCE

Zubereitungszeit: 20 Minuten   Garzeit: 5 Minuten   Schwierigkeitsgrad: leicht

ZUTATEN FÜR 4 PERSONEN

200 ml natives Olivenöl extra
50 ml warmes Wasser
Saft von 2 Zitronen
1 Knoblauchzehe, gehackt
5 g frische Petersilie, gehackt
15 g frischen Oregano, gehackt
600 g Schwertfischfilets, geviertelt
Salz und Pfeffer nach Belieben

Zubereitung der Salmoriglio-Sauce: Öl, Zitronensaft und Wasser in eine Schüssel geben und vermengen. Knoblauch, Petersilie und Oregano hinzufügen, die Sauce in der Schüssel im Wasserbad 5 bis 6 Minuten lang unter ständigem Rühren glatt schlagen.
Die Fischstücke mit der Salmoriglio-Sauce bepinseln und auf dem Rost auf mittlerer bis hoher Stufe oder einem Grill einige Minuten lang garen und während des Garens weiterhin mit der Sauce bestreichen. Salzen und pfeffern. Erneut mit der Sauce bepinseln und servieren.

SEETEUFEL IN LAUCHSAUCE

Zubereitungszeit: 40 Minuten   Garzeit: 25 Minuten   Schwierigkeitsgrad: leicht

ZUTATEN FÜR 4 PERSONEN

500 g Lauch (nur der weiße Teil)
700 ml Wasser
20 ml Weißweinessig
1 1/2 kg Seeteufelfilets
70 ml natives Olivenöl extra
200 g reife Tomaten, halbiert
2 Knoblauchzehen, geschnitten
60 g frische Petersilie, gehackt
500 g Oliven, entsteint
Chilischoten nach Belieben, zerkleinert
Salz und Pfeffer nach Belieben

Den Lauch in Ringe schneiden und gründlich unter fließendem Wasser waschen. Wasser und Weißweinessig zum Kochen bringen, den Lauch einige Sekunden blanchieren, abgießen und abtropfen lassen. Die Seeteufelfilets in gleich große Stücke teilen und in einem großen Topf mit kochendem Salzwasser einige Minuten blanchieren. Abgießen und beiseitestellen.
Lauch und Knoblauch bei mittlerer Hitze in Olivenöl dünsten, eine Prise zerkleinerte Chilischoten, Tomaten und Petersilie zugeben und alles zum Kochen bringen. Die Hitze reduzieren, den Seeteufel und die Oliven hinzufügen und bei geringer Hitze 15 Minuten lang garen. Vor dem Servieren salzen und mit etwas frisch gemahlenem Pfeffer würzen.

LACHS
MIT KARTOFFELN UND EIERN

Zubereitungszeit: 30 Minuten   Garzeit: 7 bis 8 Minuten   Schwierigkeitsgrad: leicht

ZUTATEN FÜR 4 PERSONEN

2 große Eier
500 g Kartoffeln
600 g Lachs, in 4 Filets zerteilt
Salz und Pfeffer nach Belieben
50 g Butter
5 g frische Petersilie, gehackt

Die Eier in eine Pfanne geben und mit Wasser bedecken. Bei starker Hitze zum Kochen bringen und 8 bis 10 Minuten köcheln lassen. Die Eier sofort abschrecken, damit sie nicht weitergaren und sich leichter schälen lassen. Die Eier schälen und durch ein feinmaschiges Sieb passieren. Beiseitestellen. Kartoffeln schälen und mit einem Melonenlöffel oder einem kleinen Löffel Bällchen mit einem Durchmesser von 2,5 cm ausstechen. Die Kartoffeln in einem großen Topf in kochendem Salzwasser 5 Minuten lang garen. Den Lachs salzen und pfeffern. Die Butter in einer großen Kasserolle zerlassen. Sobald sie schaumig wird, den Lachs hineingeben und von beiden Seiten bräunen lassen. Die Kartoffeln zufügen und bei 180 °C 7 bis 8 Minuten lang im Ofen backen. Aus dem Ofen nehmen, jede Portion mit passiertem Ei und Petersilie bestreuen und servieren.

PETERSFISCH
MIT AUBERGINENPÜREE

Zubereitungszeit: 50 Minuten   Garzeit: 10 Minuten   Schwierigkeitsgrad: leicht

ZUTATEN FÜR 4 PERSONEN

1 kg Auberginen
2 Knoblauchzehen, fein geschnitten
150 ml natives Olivenöl extra
Salz und Pfeffer nach Belieben
400 g Tomaten
60 g frisches Basilikum
600 g Petersfischfilets (oder Seezunge oder Flunder)
75 g rote Zwiebel, fein geschnitten

Den Backofen auf 200 °C vorheizen.
Mit einem Schälmesser die Aubergine mehrfach einschneiden und in jeden Schlitz eine Knoblauchscheibe stecken.
Die Auberginen in Alufolie wickeln und 40 Minuten lang backen. Wenn die Auberginen gar sind, diese mit 50 ml Olivenöl und einer Prise Salz pürieren. Die Tomaten enthäuten, entkernen und würfeln. Die Basilikumblätter mit 50 ml Olivenöl und einer Prise Salz in den Mixer geben.
Die Fischfilets salzen und pfeffern. Das restliche Öl in einer großen Kasserolle erhitzen und den Fisch goldbraun sautieren, bis er durch ist. Auf einen Teller geben. Zwiebeln und Tomaten andünsten, bis sie weich sind. Den Fisch und das Auberginenpüree auf den Tellern anrichten und mit Basilikumöl beträufeln.

BECCAFICO-SARDINEN

Zubereitungszeit: 40 Minuten   Garzeit: 20 Minuten   Schwierigkeitsgrad: mittel

ZUTATEN FÜR 4 PERSONEN

500 g Sardinen
2 in Salz eingelegte Sardellen, entsalzen und fein gehackt
20 g Rosinen
50 ml natives Olivenöl extra
100 g Semmelbrösel
5 g frische Petersilie, gehackt
20 g Pinienkerne
frische Lorbeerblätter nach Belieben
Salz und Pfeffer nach Belieben

Bei frischen Sardinen die Köpfe und Innereien entfernen, entgräten, den Schwanz jedoch belassen. Abspülen und abtrocknen. Sardinen aus der Dose abspülen und abtrocknen. Die Rosinen in einer Schüssel mit lauwarmem Wasser 15 Minuten einweichen und dann gut abtropfen lassen. 2 1/2 EL Öl in einer Pfanne erhitzen, das Semmelbrösel hinzufügen und anrösten, bis es braun wird. Abkühlen lassen, dann Petersilie, Pinienkerne, Rosinen und Sardellen hinzufügen, salzen, pfeffern und gut vermengen. Die Sardinen der Länge in Schmetterlingsfilets teilen. Die Sardinen auf die Hautseite legen, ein wenig Semmelbröselmischung auf jede Sardine geben und diese dann am Kopfende beginnend aufrollen, sodass der Schwanz außen bleibt. Die Röllchen mit einem Cocktailspieß fixieren. Eine geölte Backform mit den Lorbeerblättern auslegen und die Sardinen darauf platzieren. Mit dem restlichen Öl beträufeln und bei 180 °C etwa 20 Minuten backen.

THUNFISCHTATAR

Zubereitungszeit: 35 Minuten   Schwierigkeitsgrad: leicht

ZUTATEN FÜR 4 PERSONEN

100 g Zwiebeln, fein gehackt
100 ml natives Olivenöl extra
500 g Auberginen
Salz und Pfeffer nach Belieben
75 ml Weißweinessig
10 g Zucker
einige Blätter frische Minze und frisches Basilikum
50 g eingelegte Kapern
350 g Thunfischsteak (sehr frisch)
30 g Schalotten, gehackt

Die Zwiebeln in einer Pfanne bei geringer Hitze mit ein paar EL Öl andünsten. Die Auberginen würfeln und in wenig Öl in einer antihaftbeschichteten Pfanne anbraten. Mit Salz und Pfeffer abschmecken und zur Zwiebel geben. 2/3 Tassen Essig und den Zucker hinzufügen. Fertig garen, mit der Minze und dem Basilikum würzen. Die Kapern abgießen, zerkleinern und mit etwas Öl vermischen.

Den Thunfisch würfeln, salzen, pfeffern, und die zerkleinerte Schalotte und das restliche Öl hinzufügen. Das Thunfischtatar mit den Auberginen und der Kapernsauce servieren und nach Belieben mit Basilikumblättern garnieren.

SCHWERTFISCHSTEAK
MIT ZITRONE UND KAPERN

Zubereitungszeit: 20 Minuten   Garzeit: 10 Minuten   Schwierigkeitsgrad: leicht

ZUTATEN FÜR 4 PERSONEN

400 g Schwertfischsteaks
Salz und Pfeffer nach Belieben
2 Zitronen
25 g in Salz eingelegte Kapern
50 ml natives Olivenöl extra
150 g Feldsalat

Den Schwertfisch vierteln. Die Stücke auf beiden Seiten salzen, pfeffern und nebeneinander in eine leicht geölte Backform legen.

Die Zitronen schälen und von der weißen Unterhaut befreien. Nun über einer Schüssel arbeiten, um den Fruchtsaft aufzufangen: Mit einem scharfen Filetiermesser zwischen den Fruchtspalten und der Trennhaut einschneiden und die ganzen Spalten ohne die Haut herauslösen. Die Fruchtfilets und den Saft beiseitestellen. Die Zitronenspalten würfeln.

Die Kapern unter fließendem Wasser abbrausen. Die Fischstücke mit den Zitronenwürfeln und den Kapern belegen.

Die Hälfte des Zitronensafts darübergießen und mit etwas nativem Olivenöl extra beträufeln. Den Schwertfisch bei 180 °C backen. Wenn der Fisch zu trocken wird, mit einer Folie abdecken.

Den restlichen Zitronensaft mit dem Öl vermengen und mit Salz und Pfeffer abschmecken. Den Feldsalat mit dem Zitronen-Öl-Dressing vermischen und mit dem Schwertfisch servieren.

GOLDMAKRELENSTEAK
IN MANDEL-PISTAZIEN-KRUSTE

Zubereitungszeit: 40 Minuten   Garzeit: 10 Minuten   Schwierigkeitsgrad: leicht

ZUTATEN FÜR 4 PERSONEN

100 g ganze Pistazien
100 g geschälte Mandeln, gehackt
4 Artischocken
Saft von 2 Zitronen
20 g frische Minze
500 g Goldmakrelensteaks (oder Bernsteinfisch oder Stachelmakrelen)
40 g Kapern
100 ml natives Olivenöl extra
Salz und Pfeffer nach Belieben

Pistazien und Mandeln hacken. Von den Artischocken die harten äußeren Blätter entfernen. Die Artischocken halbieren und das Heu entfernen. Dann die Artischocken sehr fein schneiden und in Wasser mit der Hälfte des Zitronensafts legen, damit sie sich nicht verfärben. Den geputzten Fisch quer in dicke Stücke schneiden und in den gehackten Mandeln und Pistazien wälzen. Die Kapern mit 50 ml Öl in einem Mixer zerkleinern. Den Fisch bei mittlerer Hitze mit einem Viertel des restlichen Öls kurz anbraten. Salzen und bei 180 °C im Ofen je nach Größe der Fischstücke 5 bis 10 Minuten braten. Die Artischocken abtropfen lassen und mit dem restlichen Zitronensaft, dem restlichen Öl und der fein gehackten Minze vermengen, salzen und pfeffern. Den Fisch mit dem Artischockensalat und der Kapern-Öl-Mischung servieren.

MEERÄSCHE
MIT PAPRIKA-FÜLLUNG, LINSEN UND PECORINO

Zubereitungszeit: 45 Minuten   Garzeit: 10 Minuten   Schwierigkeitsgrad: leicht

ZUTATEN FÜR 4 PERSONEN

250 g Paprikaschoten, rot
Salz und Pfeffer nach Belieben
150 g Linsen
70 g Zwiebeln
80 g Karotten
70 g Stangensellerie
frische Lorbeerblätter nach Belieben
80 ml natives Olivenöl extra

60 g Pecorino (Schafmilchkäse,
am besten aus der Toskana), gerieben
40 g große schwarze Oliven (am besten
Taggiasca-Oliven), entsteint
4 große Meeräschen (oder
Goldmakrelen oder Granatbarsche),
gesäubert und filetiert

Die Paprikaschoten halbieren, Stängelansätze, Kerne und Samenstränge entfernen. Die Paprikaschotenhälften mit der Schnittfläche nach unten auf ein mit Backpapier ausgelegtes Backblech legen. Im Ofen bei 230° C 15 bis 20 Minuten lang backen, bis die Haut aufplatzt und schwarz wird. Das Backpapier auf dem Backblech um die Paprikaschoten zu einem Päckchen zusammenfalten und die Kanten verschließen. Zirka 20 Minuten ruhen lassen, damit sich die Haut lösen kann. Mit einem kleinen, scharfen Messer die Haut abziehen und wegwerfen. Die Paprikaschoten in Scheiben in der Größe des Fischs schneiden. Salzen und pfeffern. Die Linsen mit Zwiebeln, Karotten, dem Sellerie und Lorbeerblättern in kaltes Wasser geben. Zum Kochen bringen und sehr weich garen. Abgießen, salzen, pfeffern und mit einem Schuss Öl (10 ml) und Pecorino verfeinern. Zwischen je zwei Fischfilets eine Paprikascheibe legen. Salzen, pfeffern und in eine Backform legen. Mit Olivenöl (20 ml) beträufeln und zirka 10 Minuten lang backen. In der Zwischenzeit die Oliven mit 50 ml Olivenöl im Mixer zerkleinern. Den Fisch mit den Linsen und dem Olivendressing servieren.

MIESMUSCHELN „ALLA MARINARA"

Zubereitungszeit: 20 Minuten   Garzeit: 5 Minuten   Schwierigkeitsgrad: leicht

ZUTATEN FÜR 4 PERSONEN

60 ml natives Olivenöl extra und etwas mehr nach Bedarf
Chilischoten, grob gemahlen, nach Belieben
1 Knoblauchzehe, fein gehackt
frische Petersilie, gehackt, nach Belieben
100 ml Weißwein
1 kg Miesmuscheln, gebürstet
200 g reife Tomaten, geschält, entkernt und gewürfelt
Salz nach Bedarf

Öl in einer Pfanne erhitzen, Chili, Knoblauch und Petersilie hinzufügen und garen, bis es duftet.
Mit dem Weißwein ablöschen und diesen verdampfen lassen.
Die Tomaten in die Pfanne geben und nach ein paar Minuten die Muscheln hinzufügen und garen lassen, bis sie sich öffnen (ungeöffnete Muscheln müssen weggeworfen werden).
Bei Bedarf salzen.
Mit einem Schuss Olivenöl verfeinern und servieren.

JAKOBSMUSCHELN
MIT KARTOFFELN UND STEINPILZEN

Zubereitungszeit: 1 Stunde   Garzeit: 7 bis 8 Minuten
Schwierigkeitsgrad: mittel

ZUTATEN FÜR 4 PERSONEN

500 g Kartoffeln
Muskatnuss, gerieben
50 g Butter
50 g Parmigiano Reggiano, gerieben
1 großes Ei
4 Jakobsmuscheln in der Schale

1 Knoblauchzehe, ungeschält
30 ml natives Olivenöl extra
350 g frische Steinpilze, fein geschnitten
Salz und Pfeffer
Semmelbrösel
1 Bund frischer Schnittlauch

Die Kartoffeln mit Schale garen. Abgießen und pellen, anschließend durch die Kartoffelpresse drücken. Die Kartoffelmasse salzen und mit etwas Muskatnuss würzen; die Butter, den geriebenen Parmigiano Reggiano und das Ei hinzufügen und gut vermengen. Die Jakobsmuscheln säubern und die Schalen (die gewölbte Schalenhälfte) beiseitestellen. Den Knoblauch und das Öl in eine Kasserolle geben und bei starker Hitze anbraten; die Pilze hinzufügen, salzen, pfeffern und bissfest garen. Den Knoblauch herausnehmen.
Eine weitere Pfanne sehr stark erhitzen und die Jakobsmuscheln kurz in etwas Öl anbraten. Salzen und pfeffern. Die Kartoffelmasse in einen Spritzbeutel mit mittelgroßer Sterntülle füllen und entlang der Kanten auf die Muschelschalen spritzen. Die so vorbereiteten Schalen mit den Jakobsmuscheln und den sautierten Pilzen füllen.
Mit Semmelbrösel bestreuen, mit Olivenöl beträufeln und im Ofen bei 200 °C 7 bis 8 Minuten lang gratinieren. Mit dem Schnittlauch garnieren.

GEBRATENE JAKOBSMUSCHELN
MIT ERBSENPÜREE

Zubereitungszeit: 35 Minuten   Garzeit: 5 Minuten   Schwierigkeitsgrad: leicht

ZUTATEN FÜR 4 PERSONEN

400 g Erbsen
90 ml natives Olivenöl extra
Salz und Pfeffer nach Belieben
5 g Sepia (Tintenfischtinte)
12 Jakobsmuscheln in der Schale

Die Erbsen in kochendem Salzwasser garen. Abgießen, zusammen mit einem Löffel Garsud in eine Küchenmaschine geben und mixen. Durch ein feinmaschiges Sieb streichen, sodass ein relativ festes Püree entsteht. Mit 1/3 des Öls würzen und mit Salz und Pfeffer nach Belieben abschmecken. Die Tintenfischtinte mit der Hälfte des restlichen Öls verdünnen. Die Schalen öffnen, die Jakobsmuscheln herausnehmen und gründlich waschen. Das Muschelfleisch in einer sehr heißen Pfanne mit dem restlichen Öl kurz braten und mit Salz und Pfeffer abschmecken. Wenn die Muscheln gar sind (nach zirka 5 Minuten), auf einem Erbsenpüreebett anrichten. Die Olivenöl-Sepia-Mischung darübergeben und servieren.

GARNELEN-JAKOBSMUSCHELN-TERRINE

Zubereitungszeit: 1 Stunde   Garzeit: 30 Minuten   Schwierigkeitsgrad: mittel

ZUTATEN FÜR 4 PERSONEN

300 g Jakobsmuscheln
20 ml natives Olivenöl extra
Salz und Pfeffer nach Belieben
100 g Garnelen, gesäubert und geschält
1 großes Eiweiß
60 ml Sahne (40 % Fett)
4 Kohlblätter, am besten Wirsing
40 g Karotten, in Juliennestreifen geschnitten
40 g Paprikaschoten, in Juliennestreifen geschnitten
40 g Zucchini, in Juliennestreifen geschnitten

Den Backofen auf 150 °C vorheizen. Die Jakobsmuscheln waschen und in etwas Öl mit Salz und Pfeffer marinieren. 6 Garnelen, das Eiweiß und die Sahne in einen Mixer oder eine Küchenmaschine geben und zerkleinern (die Zutaten müssen sehr kalt sein). Die restlichen Garnelen ganz lassen. Die Masse salzen und pfeffern. Die Kohlblätter in Salzwasser garen. Abgießen, abkühlen lassen, abtrocknen und eine gefettete Kastenform damit auslegen. Das Gemüse in kochendem Salzwasser in einem großen Topf bissfest garen. Abgießen und abkühlen lassen. Die Jakobsmuscheln aus der Marinade nehmen und mit dem Gemüse und den beiseitegestellten ganzen Garnelen zur Garnelenmasse geben. Die Masse in die Kastenform füllen und die Kohlblätter so falten, dass sie bedeckt wird. Die Form in ein heißes Wasserbad stellen und damit 30 Minuten in den Backofen geben. Abkühlen lassen, in Scheiben schneiden und servieren.

GEBACKENE KAISERGRANATE
MIT PISTAZIEN

Zubereitungszeit: 25 Minuten   Garzeit: 8 Minuten   Schwierigkeitsgrad: leicht

ZUTATEN FÜR 4 PERSONEN

12 Kaisergranate
Salz und Pfeffer nach Belieben
100 g geschälte Pistazien, fein gehackt
50 g Semmelbrösel
30 ml natives Olivenöl extra und etwas mehr nach Bedarf

Den Backofen auf 180 °C vorheizen.
Die Kaisergranate schälen, Kopf und Schwanz jedoch belassen. Salzen und pfeffern. Die Pistazien in einer kleinen Schüssel mit dem Semmelbrösel vermischen, 2 EL Öl und eine Prise Salz hinzufügen. Eine Backform leicht einölen und die Kaisergranate hineinlegen. Mit der Pistazien-Semmelbrösel-Mischung bedecken. Etwa 8 Minuten lang im Ofen backen.

RIESENGARNELEN
MIT TOMATENCONFIT

Zubereitungszeit: 1 Stunde 30 Minuten   Garzeit: 6 Minuten
Schwierigkeitsgrad: mittel

ZUTATEN FÜR 4 PERSONEN

24 Riesengarnelen
Salz und Pfeffer nach Belieben
50 ml natives Olivenöl extra
1,2 kg große, reife Tomaten
10 g frischer Thymian, gehackt
1 Knoblauchzehe, fein geschnitten
Zucker nach Belieben
30 g frisches Basilikum in ganzen Blättern
100 g gemischter Blattsalat

Die Riesengarnelen säubern und schälen. Salzen, pfeffern und in 30 m Öl marinieren. Die Tomaten auf der Unterseite kreuzförmig einschneiden und 10 bis 15 Sekunden in kochendem Wasser blanchieren. Dann sofort in Eiswasser tauchen, die Haut abziehen, entkernen und vierteln. Die Tomaten auf ein mit Backpapier ausgekleidetes Backblech legen. Auf beiden Seiten mit Thymian, Knoblauch, einer Prise Salz, Pfeffer und Zucker würzen und 1 Stunde lang bei 80 °C im Ofen backen. Ein weiteres Backblech mit Backpapier auslegen und viereckige Auflaufformen daraufstellen. Diese abwechselnd mit einer Schicht Tomaten und einer Schicht Garnelen füllen, mit einer Schicht Tomaten abschließen. Das Ganze bei 150 °C 6 Minuten backen. Die Basilikumblätter in etwas kochendem Salzwasser wenige Minuten blanchieren, abgießen und direkt in Eiswasser abkühlen. Mit einem Stabmixer mit dem restlichen Öl mixen. Die Formen aus dem Ofen nehmen und die Garnelen und die Tomaten mit dem Basilikumöl und Blattsalat.

MEERESFRÜCHTESPIESSE
IN SALMORIGLIO-SAUCE

Zubereitungszeit: 45 Minuten   Garzeit: 10 Minuten   Schwierigkeitsgrad: leicht

ZUTATEN FÜR 4 PERSONEN

200 g Seeteufelfilets
8 Jakobsmuscheln
8 Garnelen, geschält und entdarmt
2 Meeräschen (je zirka 200 g), gesäubert, filetiert und gewürfelt (anstelle der
Meeräschen können Goldmakrelen oder Seebarsche verwendet werden)
200 ml natives Olivenöl extra
Saft von 2 Zitronen
50 ml warmes Wasser
1 Knoblauchzehe, fein gehackt
5 g frische Petersilie, fein gehackt
Salz und Pfeffer nach Belieben

Seeteufelstücke, Jakobsmuscheln, Garnelen und Meeräschenwürfel abwechselnd
auf 8 Spieße stecken. Zur Zubereitung der Salmoriglio-Sauce das Öl zuerst
in eine Schüssel geben. Zitronensaft und warmes Wasser hinzufügen und
kräftig verquirlen. Knoblauch und Petersilie hinzufügen. Die Sauce in einem
Wasserbadtopf oder in einer Schüssel über (nicht in) einem Topf mit köchelndem
Wasser unter ständigem Rühren 5 bis 6 Minuten lang erhitzen.
Etwas Salmoriglio-Sauce über die Spieße träufeln. Die Spieße grillen und
während des Garens mit Salmoriglio-Sauce begießen. Salzen und pfeffern.
Die restliche Salmoriglio-Sauce über die Spieße geben und servieren.

FISCHBRÜHE AUF ADRIA-ART

Zubereitungszeit: 40 Minuten   Garzeit: 30 Minuten   Schwierigkeitsgrad: mittel

ZUTATEN FÜR 4 PERSONEN

20 Miesmuscheln, gesäubert und entbartet
20 Venusmuscheln, gesäubert
40 ml natives Olivenöl extra
200 g Zwiebeln, gehackt
2 Knoblauchzehen, gehackt
100 g Stangensellerie, gehackt
100 g Kalmare, gesäubert und in Ringe geschnitten

4 mittelgroße Rotbarben (zirka je 400 g)
200 g Drachenkopf, in Stücke geschnitten (oder Felsenbarsch oder Schnapper)
300 g Seeteufel, in Stücke geschnitten
Salz und Pfeffer nach Belieben
5 g frische Petersilie, gehackt
16 Scheiben Bauernbrot, geröstet

Die Mies- und die Venusmuscheln in den Schalen mit etwas Wasser in einer großen Pfanne sautieren. Sobald sich die Schalen geöffnet haben, die Muscheln beiseitestellen, den Garsud durch ein feinmaschiges Sieb gießen und ebenfalls beiseitestellen.

Das Olivenöl in einer großen Pfanne erhitzen und Zwiebeln, Knoblauch und Stangensellerie andünsten. Die Kalmare hinzufügen und nach einigen Minuten die ganzen Rotbarben und den Drachenkopf zugeben. Nach 5 Minuten den Seeteufel hinzufügen. Den Muschelsud zugießen, mit Salz und Pfeffer abschmecken und fertig garen (insgesamt zirka 30 Minuten).

Zum Schluss Mies- und Venusmuscheln zugeben.

Wenn diese gar sind, Petersilie in die Brühe streuen. Mit Bauernbrot servieren.

VERSCHIEDENE FRITTIERTE FISCHE

Zubereitungszeit: 30 Minuten   Garzeit: 5 Minuten   Schwierigkeitsgrad: mittel

ZUTATEN FÜR 4 PERSONEN

450 g Kalmare
Pflanzenöl zum Frittieren, nach Bedarf
250 g Rotbarben, filetiert
200 g Hummerkrabben (oder Riesengarnelen), geschält
100 g frische Sardellen, gesäubert und ausgenommen, oder Sardellen aus der Dose, gewaschen und abgetrocknet
150 g frische Sardinen, gesäubert und ausgenommen, oder Sardinen aus der Dose, gewaschen und abgetrocknet
100 g Grießmehl oder Mehl Type 405
Salz nach Bedarf

Die Kalmare waschen und von den Tentakeln befreien. Die Körper in Ringe schneiden (kleine Kalmare können ganz gelassen werden).
Das Öl in einer großen Pfanne erhitzen, bis es zu sieden beginnt.
Die verschiedenen Fischsorten und Hummerkrabben in Mehl wenden und einzeln frittieren, dabei sicherstellen, dass das Öl nicht zu heiß wird. Den Fisch mit einem Schaumlöffel aus dem Öl nehmen und auf Backpapier abtropfen lassen. Etwas salzen und servieren.

SEEBRASSENFILET
IN PAPRIKA-MEERESFRÜCHTE-SAUCE

Zubereitungszeit: 40 Minuten   Garzeit: 10 Minuten   Schwierigkeitsgrad: mittel

ZUTATEN FÜR 4 PERSONEN

8 ml natives Olivenöl extra
500 g gelber Paprika, fein geschnitten
250 g gelbe Zwiebeln, fein geschnitten
1 Zweig frischer Thymian, gerebelt
1 kg Seebrasse (oder Felsenbarsch)
500 g Miesmuscheln, gesäubert und entbartet
Salz und weißer Pfeffer nach Belieben
12 gegarte Garnelen
5 g Petersilie, gehackt

5 ml Öl in einer Pfanne bei geringer Hitze erhitzen und das Gemüse und den Thymian anbraten. Einige EL Wasser hinzufügen und garen, bis das Gemüse weich ist. Das Gemüse pürieren und durch ein feinmaschiges Sieb passieren. Den Fisch säubern und schuppen. Filetieren und jedes Filet in 10 cm große Rauten schneiden. Die Miesmuscheln in einen Topf mit wenig Wasser geben und zugedeckt bei starker Hitze garen. Wenn sich die Muscheln geöffnet haben, abgießen und die Schalen entfernen. Den Muschelsud filtern und beiseitestellen. Die Seebrasse in einer antihaftbeschichteten Pfanne in wenig Öl zuerst auf der Hautseite kurz anbraten. Salzen, pfeffern, dann wenden und ein paar Minuten auf der anderen Seite braten. Den Fisch aus der Pfanne nehmen und den Pfanneninhalt mit dem Muschelsud ablöschen. Die so entstandene Sauce abgießen und mit dem Paprika-Zwiebel-Püree vermischen. Die Seebrasse in der Sauce mit den Garnelen und den Miesmuscheln als Beilage servieren. Petersilie darüberstreuen und mit frisch gemahlenem weißem Pfeffer würzen.

GEFÜLLTE KALMARE

Zubereitungszeit: 30 Minuten   Garzeit: 15 Minuten   Schwierigkeitsgrad: mittel

ZUTATEN FÜR 4 PERSONEN

4 mittelgroße Kalmare
Schale und Saft 1 Zitrone
4 Hummerkrabben, geschält und entdarmt
1/2 Knoblauchzehe, gehackt
5 g frische Petersilie, fein gehackt
40 g Semmelbrösel
1 großes Eiweiß
Schale und Saft 1 Zitrone
Salz und Pfeffer nach Belieben
100 g gemischter Blattsalat
40 ml natives Olivenöl extra

Die Kalmare von den Tentakeln befreien und diese in mit dem Zitronensaft versetzen Wasser garen. Die Tentakel grob, die Garnelen fein hacken. Den Knoblauch und die Petersilie hacken. Knoblauch, Petersilie, Semmelbrösel, Eiweiß, Tentakel, Garnelen und etwas Zitronenschale miteinander vermengen und mit Salz und Pfeffer abschmecken. Die Kalmare mit dieser Masse füllen und mit Zahnstochern verschließen. Eine Backform leicht einölen und die Kalmare hineinlegen. Bei 180 °C etwa 15 Minuten im Ofen backen.
Gemischten Salat auf 4 Tellern anrichten. Die Kalmare in Scheiben schneiden und auf dem Salat anrichten. Mit einem Schuss Olivenöl verfeinern.

GESCHMORTER TINTENFISCH

Zubereitungszeit: 30 Minuten   Garzeit: 45 Minuten   Schwierigkeitsgrad: leicht

ZUTATEN FÜR 4 PERSONEN

300 g Mangold, grob gehackt
800 g Tintenfisch (oder Kalmare)
50 ml natives Olivenöl extra
150 g Zwiebeln, gehackt
70 g Stangensellerie, gehackt
1 Knoblauchzehe, gehackt
100 ml trockener Weißwein
Salz und Pfeffer nach Belieben

Den Mangold waschen, aber nicht abtrocknen. Den nassen Mangold (kein Wasser hinzufügen) mit einer Prise Salz in einen Topf geben, Topfdeckel daraufgeben. Bei geringer Hitze einige Minuten garen lassen.
Den Tintenfisch gründlich säubern und in Streifen schneiden.
Das Öl in einer großen Pfanne erhitzen und die Zwiebeln, den Sellerie und den Knoblauch goldbraun braten. Den Tintenfisch hinzufügen. Mit Weißwein ablöschen und diesen verdampfen lassen. Weitergaren und bei Bedarf etwas Wasser hinzufügen. Wenn der Tintenfisch ganz zart ist (nach zirka 1 bis 2 Minuten), den Mangold hinzufügen. Salzen, pfeffern und servieren.

GEFÜLLTER TINTENFISCH

Zubereitungszeit: 40 Minuten   Garzeit: 30 Minuten   Schwierigkeitsgrad: leicht

ZUTATEN FÜR 4 PERSONEN

800 g Tintenfisch (oder Kalmare)
1 Knoblauchzehe, fein gehackt
4 g frische Petersilie, fein gehackt
80 g schwarze Oliven, gehackt
50 g in Salz eingelegte Kapern, gründlich gewaschen und fein gehackt
200 g Semmelbrösel
2 Eier
50 g Pecorino (Schafmilchkäse), gerieben
Salz und Pfeffer nach Belieben
80 ml natives Olivenöl extra
200 ml Weißwein

Die Tintenfische säubern, aber nicht auseinanderreißen. Knochen, Tintenbeutel, Innereien, Haut und Augen entfernen. Unter fließendem Wasser gut waschen und abtropfen lassen. In der Zwischenzeit die Füllung vorbereiten. Die Tentakel fein hacken und mit Knoblauch, Petersilie, Oliven und Kapern vermischen. Eier in eine Schüssel geben und mit Pecorino, Salz und Pfeffer verquirlen. Semmelbrösel und die zuvor gehackten Zutaten untermischen, bis eine weiche Masse entsteht. Die Tintenfische damit füllen und mit einem Zahnstocher verschließen. Tintenfische in eine mit leicht mit Öl gefettete Backform legen, mit Wein besprenkeln und bei 200 °C zirka 30 Minuten lang backen. Aus dem Ofen nehmen, einige Minuten abkühlen lassen und dann servieren.

KLEINE TINTENFISCHE MIT ERBSEN

Zubereitungszeit: 20 Minuten   Garzeit: 40 Minuten   Schwierigkeitsgrad: leicht

ZUTATEN FÜR 4 PERSONEN

150 g Zwiebeln, gehackt
100 ml natives Olivenöl extra
800 g kleine Tintenfische (oder Kalmare), gesäubert und der Länge nach halbiert
1 Knoblauchzehe, gehackt
100 ml Weißwein
150 g Tomatenmark
160 g Erbsen
30 g frisches Basilikum, fein geschnitten
5 g frische Petersilie, fein gehackt
Salz und Pfeffer nach Belieben

Die Zwiebeln in Öl in einer Pfanne bei mittlerer Hitze dünsten. Tintenfische und Knoblauch hinzufügen und einige Minuten lang garen lassen. Mit Weißwein ablöschen und diesen verdampfen lassen. Tomatenmark, Erbsen, Petersilie und Basilikum zugeben. Mit etwas Salz und Pfeffer abschmecken und garen, bis die Tintenfische sehr weich sind.

OKTOPUS MIT KARTOFFELN

Zubereitungszeit: 15 Minuten   Garzeit: 2 Stunden 30 Minuten
Kühlzeit: 1 Stunde   Schwierigkeitsgrad: leicht

ZUTATEN FÜR 4 PERSONEN

1 Zwiebel
1 Karotte
3 Selleriestangen, geputzt
500 g Oktopus
500 g Kartoffeln, geschält

Saft von 1 Zitrone
100 ml natives Olivenöl extra
Salz und Pfeffer nach Belieben
80 g schwarze Oliven
4 g Petersilie, gehackt

Salzwasser in einem Topf zum Kochen bringen, die Zwiebel, die Karotte und eine Selleriestange hinzufügen. 5 Minuten lang garen. Anschließend den Oktopus in das Wasser geben. Zuvor den Oktopus drei Mal ganz in das heiße Wasser eintauchen, damit er zarter wird. 1 Stunde oder bis der Oktopus weich ist, garen lassen (Stichprobe mit einem Messer machen).
Wenn der Oktopus gar ist, den Topf vom Herd nehmen, Topfdeckel aufsetzen und etwa eine Stunde lang abkühlen lassen.
In der Zwischenzeit die Kartoffeln in kochendem Salzwasser 15 bis 20 Minuten lang garen (oder so lange, bis ein Holzlöffel leicht in sie eindringt). Abgießen, abkühlen lassen und je nach Wunsch in Spalten oder Würfel schneiden. Den restlichen Sellerie ebenfalls in mittelgroße Würfel schneiden. Den Zitronensaft und das Öl mit Salz und Pfeffer verquirlen, bis eine geschmeidige Sauce entstanden ist. Wenn der Oktopus abgekühlt ist, diesen abgießen und in Stücke schneiden. Die Kartoffeln, den Sellerie, die schwarzen Oliven und die Oktopusstücke vermischen. Mit dem Zitronen-Öl-Dressing anmachen und mit etwas gehackter Petersilie bestreuen. Mit dem restlichen Olivenöl beträufeln und servieren.

MIESMUSCHELN-
KARTOFFEL-REIS-AUFLAUF

Zubereitungszeit: 30 Minuten   Garzeit: 35 Minuten   Schwierigkeitsgrad: leicht

ZUTATEN FÜR 4 PERSONEN

600 g Miesmuscheln
350 g Kirschtomaten
100 ml natives Olivenöl extra
180 g Zwiebeln, in Scheiben geschnitten
1 Knoblauchzehe, fein gehackt
8 g Petersilie, gehackt

85 g Pecorino (Schafmilchkäse), gerieben
Salz und Pfeffer nach Belieben
300 g Kartoffeln, geschält und in Scheiben geschnitten
250 g Langkornreis, gewaschen und abgetropft
500 bis 600 ml Wasser

Die Muscheln gründlich säubern und unter fließendem Wasser putzen, anschließend mit einem kleinen Messer öffnen. Dieser Vorgang sollte über einer Schüssel ausgeführt werden, um die Flüssigkeit aufzufangen, die später beim Garen verwendet wird. Leere Schalen wegwerfen. Die Hälfte der Kirschtomaten in Spalten schneiden, die andere Hälfte ganz lassen.

Den Boden einer großen Backform mit etwas Olivenöl beträufeln. Eine Schicht Zwiebeln auflegen und mit der Hälfte des Knoblauchs, der Petersilie und der Kirschtomaten bestreuen. Salzen und pfeffern. Den geriebenen Pecorino darüberstreuen und als letzte Schicht die Hälfte der Kartoffelscheiben darauflegen. Alles mit dem Reis bedecken und zum Schluss die Muscheln darauflegen. Eine weitere Schicht aus dem Rest des Knoblauchs, der Petersilie und der Kirschtomaten bilden und mit den restlichen Kartoffeln bedecken. Salzen und pfeffern. Mit dem restlichen geriebenen Pecorino bestreuen und mit reichlich Olivenöl beträufeln. Die beiseitegestellte Muschelflüssigkeit darübergießen und Wasser hinzufügen, um alle Zutaten zu bedecken. Die Form bei 180 °C für 45 Minuten (oder so lange, bis der Reis gar ist) in den Ofen geben.

VERZEICHNIS DER ZUTATEN

FOTONACHWEIS

Alle Fotos sind von ACADEMIA BARILLA
mit Ausnahme der Aufnahmen auf den Seiten 6, 95 ©123RF

VMB Publishers®
ist eine eingetragene Marke von De Agostini Libri S.p.A.

© 2014 De Agostini Libri S.p.A.
Via G. da Verrazano, 15 - 28100 Novara, Italien
www.whitestar.it - www.deagostini.it

Übersetzung, Redaktion und Produktion: Arancho Doc

ISBN 978-88-540-2637-7
1 2 3 4 5 6   18 17 16 15 14

Gedruckt in China